THIS BEAT UP BIBLE JOURNAL BELONGS TO:

_____

_____

_____

All rights reserved. No part of this book may be reproduced or transmitted in any form or by any means, including but not limited to information storage and retrieval systems, electronic, mechanical, photocopy, recording, etc. without written permission from the copyright holder. Luc Grammar is the creator of The Beat Up Bible. © The Beat Up Bible Journal All Rights Reserved 2024

S M T W T F S

DATE: /   /

BIBLE VERSE OF THE DAY: _____

_____
_____
_____
_____
_____
_____
_____
_____
_____
_____
_____
_____
_____

Go Beat Up Your Bible, Go Study Your Bible!

S M T W T F S

DATE: /   /

BIBLE VERSE OF THE DAY: _____

_____
_____
_____
_____
_____
_____
_____
_____
_____
_____
_____
_____

Go Beat Up Your Bible, Go Study Your Bible!

S M T W T F S

DATE: / /

BIBLE VERSE OF THE DAY: _____

_____
_____
_____
_____
_____
_____
_____
_____
_____
_____
_____
_____
_____
_____

Go Beat Up Your Bible, Go Study Your Bible!

S M T W T F S

DATE: / /

BIBLE VERSE OF THE DAY: _____

_____
_____
_____
_____
_____
_____
_____
_____
_____
_____
_____
_____
_____

Go Beat Up Your Bible, Go Study Your Bible!

S M T W T F S

DATE: /   /

BIBLE VERSE OF THE DAY: _____

_____
_____
_____
_____
_____
_____
_____
_____
_____
_____
_____
_____
_____

Go Beat Up Your Bible, Go Study Your Bible!

S M T W T F S

DATE: /   /

BIBLE VERSE OF THE DAY: _____

_____
_____
_____
_____
_____
_____
_____
_____
_____
_____
_____
_____
_____

Go Beat Up Your Bible, Go Study Your Bible!

S M T W T F S

DATE: / /

BIBLE VERSE OF THE DAY: _____

_____
_____
_____
_____
_____
_____
_____
_____
_____
_____
_____
_____

Go Beat Up Your Bible, Go Study Your Bible!

S M T W T F S

DATE: /   /

BIBLE VERSE OF THE DAY: _____

_____
_____
_____
_____
_____
_____
_____
_____
_____
_____
_____
_____

Go Beat Up Your Bible, Go Study Your Bible!

S M T W T F S

DATE: / /

BIBLE VERSE OF THE DAY: _____

_____
_____
_____
_____
_____
_____
_____
_____
_____
_____
_____
_____
_____

Go Beat Up Your Bible, Go Study Your Bible!

S M T W T F S

DATE: / /

BIBLE VERSE OF THE DAY: _____

_____
_____
_____
_____
_____
_____
_____
_____
_____
_____
_____
_____

Go Beat Up Your Bible, Go Study Your Bible!

S M T W T F S

DATE: / /

BIBLE VERSE OF THE DAY: _____

_____
_____
_____
_____
_____
_____
_____
_____
_____
_____
_____
_____
_____

Go Beat Up Your Bible, Go Study Your Bible!

S M T W T F S

DATE: /   /

BIBLE VERSE OF THE DAY: _____

_____
_____
_____
_____
_____
_____
_____
_____
_____
_____
_____
_____

Go Beat Up Your Bible, Go Study Your Bible!

S M T W T F S

DATE: / /

BIBLE VERSE OF THE DAY: _____

Go Beat Up Your Bible, Go Study Your Bible!

S M T W T F S

DATE: / /

BIBLE VERSE OF THE DAY: _____

_____
_____
_____
_____
_____
_____
_____
_____
_____
_____
_____
_____

Go Beat Up Your Bible, Go Study Your Bible!

S M T W T F S

DATE: /   /

BIBLE VERSE OF THE DAY: _____

_____
_____
_____
_____
_____
_____
_____
_____
_____
_____
_____
_____
_____
_____

Go Beat Up Your Bible, Go Study Your Bible!

S M T W T F S

DATE: / /

BIBLE VERSE OF THE DAY: _____

_____
_____
_____
_____
_____
_____
_____
_____
_____
_____
_____
_____

Go Beat Up Your Bible, Go Study Your Bible!

S M T W T F S

DATE: /   /

BIBLE VERSE OF THE DAY: _____

_____
_____
_____
_____
_____
_____
_____
_____
_____
_____
_____
_____

Go Beat Up Your Bible, Go Study Your Bible!

S M T W T F S

DATE: / /

BIBLE VERSE OF THE DAY: _____

_____
_____
_____
_____
_____
_____
_____
_____
_____
_____
_____
_____
_____

Go Beat Up Your Bible, Go Study Your Bible!

S M T W T F S

DATE: / /

BIBLE VERSE OF THE DAY: _____

_____
_____
_____
_____
_____
_____
_____
_____
_____
_____
_____
_____
_____
_____

Go Beat Up Your Bible, Go Study Your Bible!

S M T W T F S

DATE: / /

BIBLE VERSE OF THE DAY: _____

_____
_____
_____
_____
_____
_____
_____
_____
_____
_____
_____
_____

Go Beat Up Your Bible, Go Study Your Bible!

S M T W T F S

DATE: /   /

BIBLE VERSE OF THE DAY: _____

_____
_____
_____
_____
_____
_____
_____
_____
_____
_____
_____
_____
_____
_____

Go Beat Up Your Bible, Go Study Your Bible!

S M T W T F S

DATE: /   /

BIBLE VERSE OF THE DAY: _____

_____
_____
_____
_____
_____
_____
_____
_____
_____
_____
_____
_____

Go Beat Up Your Bible, Go Study Your Bible!

S M T W T F S

DATE: / /

BIBLE VERSE OF THE DAY: _____

_____
_____
_____
_____
_____
_____
_____
_____
_____
_____
_____
_____
_____

Go Beat Up Your Bible, Go Study Your Bible!

S M T W T F S

DATE: /   /

BIBLE VERSE OF THE DAY: _____

_____
_____
_____
_____
_____
_____
_____
_____
_____
_____
_____
_____

Go Beat Up Your Bible, Go Study Your Bible!

S M T W T F S

DATE: / /

BIBLE VERSE OF THE DAY: _____

_____
_____
_____
_____
_____
_____
_____
_____
_____
_____
_____
_____
_____
_____

Go Beat Up Your Bible, Go Study Your Bible!

S M T W T F S

DATE: /   /

BIBLE VERSE OF THE DAY: _____

_____
_____
_____
_____
_____
_____
_____
_____
_____
_____
_____

Go Beat Up Your Bible, Go Study Your Bible!

S M T W T F S

DATE: / /

BIBLE VERSE OF THE DAY: _____

_____
_____
_____
_____
_____
_____
_____
_____
_____
_____
_____
_____
_____
_____

Go Beat Up Your Bible, Go Study Your Bible!

S M T W T F S

DATE: / /

BIBLE VERSE OF THE DAY: _____

_____
_____
_____
_____
_____
_____
_____
_____
_____
_____
_____

Go Beat Up Your Bible, Go Study Your Bible!

S M T W T F S

DATE: / /

BIBLE VERSE OF THE DAY: _____

_____
_____
_____
_____
_____
_____
_____
_____
_____
_____
_____
_____
_____

Go Beat Up Your Bible, Go Study Your Bible!

S M T W T F S

DATE: /   /

BIBLE VERSE OF THE DAY: _____

_____
_____
_____
_____
_____
_____
_____
_____
_____
_____
_____
_____

Go Beat Up Your Bible, Go Study Your Bible!

S M T W T F S

DATE: / /

BIBLE VERSE OF THE DAY: _____

_____
_____
_____
_____
_____
_____
_____
_____
_____
_____
_____
_____
_____

Go Beat Up Your Bible, Go Study Your Bible!

S M T W T F S

DATE: / /

BIBLE VERSE OF THE DAY: _____

_____
_____
_____
_____
_____
_____
_____
_____
_____
_____
_____

Go Beat Up Your Bible, Go Study Your Bible!

S M T W T F S

DATE: /   /

BIBLE VERSE OF THE DAY: _____

_____
_____
_____
_____
_____
_____
_____
_____
_____
_____
_____
_____

Go Beat Up Your Bible, Go Study Your Bible!

S M T W T F S

DATE: /   /

BIBLE VERSE OF THE DAY: _____

_____
_____
_____
_____
_____
_____
_____
_____
_____
_____
_____
_____

Go Beat Up Your Bible, Go Study Your Bible!

S M T W T F S

DATE: /   /

BIBLE VERSE OF THE DAY: _____

_____
_____
_____
_____
_____
_____
_____
_____
_____
_____
_____
_____

Go Beat Up Your Bible, Go Study Your Bible!

S M T W T F S

DATE: ___ / ___ / ___

BIBLE VERSE OF THE DAY: _____

_____
_____
_____
_____
_____
_____
_____
_____
_____
_____
_____
_____

Go Beat Up Your Bible, Go Study Your Bible!

S M T W T F S

DATE: / /

BIBLE VERSE OF THE DAY: _____

_____
_____
_____
_____
_____
_____
_____
_____
_____
_____
_____
_____
_____
_____
_____

Go Beat Up Your Bible, Go Study Your Bible!

S M T W T F S

DATE: /   /

BIBLE VERSE OF THE DAY: _____

_____
_____
_____
_____
_____
_____
_____
_____
_____
_____
_____
_____

Go Beat Up Your Bible, Go Study Your Bible!

S M T W T F S

DATE: ___ / ___ / ___

BIBLE VERSE OF THE DAY: _____

_____
_____
_____
_____
_____
_____
_____
_____
_____
_____
_____
_____
_____

Go Beat Up Your Bible, Go Study Your Bible!

S M T W T F S

DATE: /   /

BIBLE VERSE OF THE DAY: _____

_____
_____
_____
_____
_____
_____
_____
_____
_____
_____
_____
_____

Go Beat Up Your Bible, Go Study Your Bible!

S M T W T F S

DATE: /   /

BIBLE VERSE OF THE DAY: _____

Go Beat Up Your Bible, Go Study Your Bible!

S M T W T F S

DATE: /   /

BIBLE VERSE OF THE DAY: _____

_____
_____
_____
_____
_____
_____
_____
_____
_____
_____
_____

Go Beat Up Your Bible, Go Study Your Bible!

S M T W T F S

DATE: / /

BIBLE VERSE OF THE DAY: _____

_____
_____
_____
_____
_____
_____
_____
_____
_____
_____
_____
_____
_____
_____

Go Beat Up Your Bible, Go Study Your Bible!

S M T W T F S

DATE: /   /

BIBLE VERSE OF THE DAY: _____

_____
_____
_____
_____
_____
_____
_____
_____
_____
_____
_____
_____

Go Beat Up Your Bible, Go Study Your Bible!

S M T W T F S

DATE: __ / __ / __

BIBLE VERSE OF THE DAY: _____

_____
_____
_____
_____
_____
_____
_____
_____
_____
_____
_____
_____
_____
_____

Go Beat Up Your Bible, Go Study Your Bible!

S M T W T F S

DATE: / /

BIBLE VERSE OF THE DAY: _____

_____
_____
_____
_____
_____
_____
_____
_____
_____
_____
_____

Go Beat Up Your Bible, Go Study Your Bible!

S M T W T F S

DATE: /   /

BIBLE VERSE OF THE DAY: _____

_____
_____
_____
_____
_____
_____
_____
_____
_____
_____
_____
_____
_____
_____

Go Beat Up Your Bible, Go Study Your Bible!

S M T W T F S

DATE: / /

BIBLE VERSE OF THE DAY: _____

_____
_____
_____
_____
_____
_____
_____
_____
_____
_____
_____

Go Beat Up Your Bible, Go Study Your Bible!

S M T W T F S

DATE: / /

BIBLE VERSE OF THE DAY: _____

_____
_____
_____
_____
_____
_____
_____
_____
_____
_____
_____
_____
_____
_____
_____

Go Beat Up Your Bible, Go Study Your Bible!

S M T W T F S

DATE: /   /

BIBLE VERSE OF THE DAY: _____

_____
_____
_____
_____
_____
_____
_____
_____
_____
_____
_____
_____

Go Beat Up Your Bible, Go Study Your Bible!

S M T W T F S

DATE: / /

BIBLE VERSE OF THE DAY: _____

_____
_____
_____
_____
_____
_____
_____
_____
_____
_____
_____
_____
_____
_____

Go Beat Up Your Bible, Go Study Your Bible!

S M T W T F S

DATE: /   /

BIBLE VERSE OF THE DAY: _____

_____
_____
_____
_____
_____
_____
_____
_____
_____
_____
_____
_____

Go Beat Up Your Bible, Go Study Your Bible!

S M T W T F S

DATE: /   /

BIBLE VERSE OF THE DAY: _____

_____
_____
_____
_____
_____
_____
_____
_____
_____
_____
_____
_____

Go Beat Up Your Bible, Go Study Your Bible!

S M T W T F S

DATE: /   /

BIBLE VERSE OF THE DAY: _____

_____
_____
_____
_____
_____
_____
_____
_____
_____
_____
_____
_____

Go Beat Up Your Bible, Go Study Your Bible!

S M T W T F S

DATE: /   /

BIBLE VERSE OF THE DAY: _____

_____
_____
_____
_____
_____
_____
_____
_____
_____
_____
_____
_____
_____

Go Beat Up Your Bible, Go Study Your Bible!

S M T W T F S

DATE: / /

BIBLE VERSE OF THE DAY: _____

Go Beat Up Your Bible, Go Study Your Bible!

S M T W T F S

DATE: / /

BIBLE VERSE OF THE DAY: _____

Go Beat Up Your Bible, Go Study Your Bible!

S M T W T F S

DATE: /   /

BIBLE VERSE OF THE DAY: _____

_____
_____
_____
_____
_____
_____
_____
_____
_____
_____
_____
_____

Go Beat Up Your Bible, Go Study Your Bible!

S M T W T F S

DATE: /   /

BIBLE VERSE OF THE DAY: _____

_____
_____
_____
_____
_____
_____
_____
_____
_____
_____
_____
_____
_____
_____

Go Beat Up Your Bible, Go Study Your Bible!

S M T W T F S

DATE: /   /

BIBLE VERSE OF THE DAY: _____

_____
_____
_____
_____
_____
_____
_____
_____
_____
_____
_____

Go Beat Up Your Bible, Go Study Your Bible!

S M T W T F S

DATE: / /

BIBLE VERSE OF THE DAY: _____

_____
_____
_____
_____
_____
_____
_____
_____
_____
_____
_____
_____
_____
_____

Go Beat Up Your Bible, Go Study Your Bible!

S M T W T F S

DATE: /   /

BIBLE VERSE OF THE DAY: _____

_____
_____
_____
_____
_____
_____
_____
_____
_____
_____
_____
_____

Go Beat Up Your Bible, Go Study Your Bible!

S M T W T F S

DATE: / /

BIBLE VERSE OF THE DAY: _____

_____
_____
_____
_____
_____
_____
_____
_____
_____
_____
_____
_____
_____
_____

Go Beat Up Your Bible, Go Study Your Bible!

S M T W T F S

DATE: /   /

BIBLE VERSE OF THE DAY: _____

_____
_____
_____
_____
_____
_____
_____
_____
_____
_____
_____
_____

Go Beat Up Your Bible, Go Study Your Bible!

S M T W T F S

DATE: /   /

BIBLE VERSE OF THE DAY: _____

Go Beat Up Your Bible, Go Study Your Bible!

S M T W T F S

DATE: / /

BIBLE VERSE OF THE DAY: _____

_____
_____
_____
_____
_____
_____
_____
_____
_____
_____
_____
_____

Go Beat Up Your Bible, Go Study Your Bible!

S M T W T F S

DATE: / /

BIBLE VERSE OF THE DAY: _____

_____
_____
_____
_____
_____
_____
_____
_____
_____
_____
_____
_____
_____
_____

Go Beat Up Your Bible, Go Study Your Bible!

S M T W T F S

DATE: /   /

BIBLE VERSE OF THE DAY: _____

_____
_____
_____
_____
_____
_____
_____
_____
_____
_____
_____
_____

Go Beat Up Your Bible, Go Study Your Bible!

S M T W T F S

DATE: /   /

BIBLE VERSE OF THE DAY: _____

_____
_____
_____
_____
_____
_____
_____
_____
_____
_____
_____
_____
_____

Go Beat Up Your Bible, Go Study Your Bible!

S M T W T F S

DATE: / /

BIBLE VERSE OF THE DAY: _____

_____
_____
_____
_____
_____
_____
_____
_____
_____
_____
_____
_____

Go Beat Up Your Bible, Go Study Your Bible!

S M T W T F S

DATE: / /

BIBLE VERSE OF THE DAY: _____

_____
_____
_____
_____
_____
_____
_____
_____
_____
_____
_____
_____
_____
_____

Go Beat Up Your Bible, Go Study Your Bible!

S M T W T F S

DATE: / /

BIBLE VERSE OF THE DAY: _____

_____
_____
_____
_____
_____
_____
_____
_____
_____
_____
_____
_____

Go Beat Up Your Bible, Go Study Your Bible!

S M T W T F S

DATE: /   /

BIBLE VERSE OF THE DAY: _____

_____
_____
_____
_____
_____
_____
_____
_____
_____
_____
_____
_____
_____
_____

Go Beat Up Your Bible, Go Study Your Bible!

S M T W T F S

DATE: / /

BIBLE VERSE OF THE DAY: _____

_____
_____
_____
_____
_____
_____
_____
_____
_____
_____
_____
_____

Go Beat Up Your Bible, Go Study Your Bible!

S M T W T F S

DATE: / /

BIBLE VERSE OF THE DAY: _____

Go Beat Up Your Bible, Go Study Your Bible!

S M T W T F S

DATE: /   /

BIBLE VERSE OF THE DAY: _____

_____
_____
_____
_____
_____
_____
_____
_____
_____
_____
_____
_____

Go Beat Up Your Bible, Go Study Your Bible!

S M T W T F S

DATE: / /

BIBLE VERSE OF THE DAY: _____

Go Beat Up Your Bible, Go Study Your Bible!

S M T W T F S

DATE: /   /

BIBLE VERSE OF THE DAY: _____

_____
_____
_____
_____
_____
_____
_____
_____
_____
_____
_____
_____

Go Beat Up Your Bible, Go Study Your Bible!

S M T W T F S

DATE: / /

BIBLE VERSE OF THE DAY: _____

Go Beat Up Your Bible, Go Study Your Bible!

S M T W T F S

DATE: / /

BIBLE VERSE OF THE DAY: _____

_____
_____
_____
_____
_____
_____
_____
_____
_____
_____
_____
_____

Go Beat Up Your Bible, Go Study Your Bible!

S M T W T F S

DATE: ___ / ___ / ___

BIBLE VERSE OF THE DAY: _____

_____
_____
_____
_____
_____
_____
_____
_____
_____
_____
_____
_____
_____

Go Beat Up Your Bible, Go Study Your Bible!

S M T W T F S

DATE: /   /

BIBLE VERSE OF THE DAY: _____

Go Beat Up Your Bible, Go Study Your Bible!

S M T W T F S

DATE: / /

BIBLE VERSE OF THE DAY: _____

_____
_____
_____
_____
_____
_____
_____
_____
_____
_____
_____
_____

Go Beat Up Your Bible, Go Study Your Bible!

S M T W T F S

DATE: /   /

BIBLE VERSE OF THE DAY: _____

_____
_____
_____
_____
_____
_____
_____
_____
_____
_____
_____

Go Beat Up Your Bible, Go Study Your Bible!

S M T W T F S

DATE: __ / __ / __

BIBLE VERSE OF THE DAY: _____

_____
_____
_____
_____
_____
_____
_____
_____
_____
_____
_____
_____
_____
_____
_____

Go Beat Up Your Bible, Go Study Your Bible!

S M T W T F S

DATE: /   /

BIBLE VERSE OF THE DAY: _____

_____
_____
_____
_____
_____
_____
_____
_____
_____
_____
_____

Go Beat Up Your Bible, Go Study Your Bible!

S M T W T F S

DATE: /   /

BIBLE VERSE OF THE DAY: _____

_____
_____
_____
_____
_____
_____
_____
_____
_____
_____
_____
_____
_____
_____

Go Beat Up Your Bible, Go Study Your Bible!

S M T W T F S

DATE: /   /

BIBLE VERSE OF THE DAY: _____

_____
_____
_____
_____
_____
_____
_____
_____
_____
_____
_____
_____

Go Beat Up Your Bible, Go Study Your Bible!

S M T W T F S

DATE: /   /

BIBLE VERSE OF THE DAY: _____

_____
_____
_____
_____
_____
_____
_____
_____
_____
_____
_____
_____
_____

Go Beat Up Your Bible, Go Study Your Bible!

S M T W T F S

DATE: / /

BIBLE VERSE OF THE DAY: _____

_____
_____
_____
_____
_____
_____
_____
_____
_____
_____
_____
_____

Go Beat Up Your Bible, Go Study Your Bible!

S M T W T F S

DATE: / /

BIBLE VERSE OF THE DAY: _____

Go Beat Up Your Bible, Go Study Your Bible!

S M T W T F S

DATE: /   /

BIBLE VERSE OF THE DAY: _____

_____
_____
_____
_____
_____
_____
_____
_____
_____
_____
_____
_____

Go Beat Up Your Bible, Go Study Your Bible!

S M T W T F S

DATE: /   /

BIBLE VERSE OF THE DAY: _____

_____
_____
_____
_____
_____
_____
_____
_____
_____
_____
_____
_____

Go Beat Up Your Bible, Go Study Your Bible!

S M T W T F S

DATE: / /

BIBLE VERSE OF THE DAY: _____

_____
_____
_____
_____
_____
_____
_____
_____
_____
_____
_____

Go Beat Up Your Bible, Go Study Your Bible!

S M T W T F S

DATE: / /

BIBLE VERSE OF THE DAY: _____

_____
_____
_____
_____
_____
_____
_____
_____
_____
_____
_____
_____
_____

Go Beat Up Your Bible, Go Study Your Bible!

S M T W T F S

DATE: / /

BIBLE VERSE OF THE DAY: _____

_____
_____
_____
_____
_____
_____
_____
_____
_____
_____
_____

Go Beat Up Your Bible, Go Study Your Bible!

S M T W T F S

DATE: / /

BIBLE VERSE OF THE DAY: _____

_____
_____
_____
_____
_____
_____
_____
_____
_____
_____
_____
_____

Go Beat Up Your Bible, Go Study Your Bible!

S M T W T F S

DATE: /   /

BIBLE VERSE OF THE DAY: _____

_____
_____
_____
_____
_____
_____
_____
_____
_____
_____
_____

Go Beat Up Your Bible, Go Study Your Bible!

S M T W T F S

DATE: /   /

BIBLE VERSE OF THE DAY: _____

_____
_____
_____
_____
_____
_____
_____
_____
_____
_____
_____
_____
_____

Go Beat Up Your Bible, Go Study Your Bible!

S M T W T F S

DATE: /   /

BIBLE VERSE OF THE DAY: _____

_____
_____
_____
_____
_____
_____
_____
_____
_____
_____
_____

Go Beat Up Your Bible, Go Study Your Bible!

S M T W T F S

DATE: / /

BIBLE VERSE OF THE DAY: _____

_____
_____
_____
_____
_____
_____
_____
_____
_____
_____
_____
_____
_____

Go Beat Up Your Bible, Go Study Your Bible!

S M T W T F S

DATE: /   /

BIBLE VERSE OF THE DAY: _____

_____
_____
_____
_____
_____
_____
_____
_____
_____
_____
_____

Go Beat Up Your Bible, Go Study Your Bible!

S M T W T F S

DATE: /   /

BIBLE VERSE OF THE DAY: _____

_____
_____
_____
_____
_____
_____
_____
_____
_____
_____
_____
_____

Go Beat Up Your Bible, Go Study Your Bible!

S M T W T F S

DATE: /   /

BIBLE VERSE OF THE DAY: _____

_____
_____
_____
_____
_____
_____
_____
_____
_____
_____
_____

Go Beat Up Your Bible, Go Study Your Bible!

S M T W T F S

DATE: /   /

BIBLE VERSE OF THE DAY: _____

_____
_____
_____
_____
_____
_____
_____
_____
_____
_____
_____
_____
_____

Go Beat Up Your Bible, Go Study Your Bible!

S M T W T F S

DATE: / /

BIBLE VERSE OF THE DAY: _____

Go Beat Up Your Bible, Go Study Your Bible!

S M T W T F S

DATE: /   /

BIBLE VERSE OF THE DAY: _____

_____
_____
_____
_____
_____
_____
_____
_____
_____
_____
_____
_____

Go Beat Up Your Bible, Go Study Your Bible!

S M T W T F S

DATE: / /

BIBLE VERSE OF THE DAY: _____

_____
_____
_____
_____
_____
_____
_____
_____
_____
_____

Go Beat Up Your Bible, Go Study Your Bible!

S M T W T F S

DATE: / /

BIBLE VERSE OF THE DAY: _____

_____
_____
_____
_____
_____
_____
_____
_____
_____
_____
_____
_____

Go Beat Up Your Bible, Go Study Your Bible!

S M T W T F S

DATE: / /

BIBLE VERSE OF THE DAY: _____

_____
_____
_____
_____
_____
_____
_____
_____
_____
_____
_____
_____
_____

Go Beat Up Your Bible, Go Study Your Bible!

S M T W T F S

DATE: / /

BIBLE VERSE OF THE DAY: _____

_____
_____
_____
_____
_____
_____
_____
_____
_____
_____
_____
_____

Go Beat Up Your Bible, Go Study Your Bible!

S M T W T F S

DATE: / /

BIBLE VERSE OF THE DAY: _____

_____
_____
_____
_____
_____
_____
_____
_____
_____
_____
_____
_____

Go Beat Up Your Bible, Go Study Your Bible!

S M T W T F S

DATE: /   /

BIBLE VERSE OF THE DAY: _____

_____
_____
_____
_____
_____
_____
_____
_____
_____
_____

Go Beat Up Your Bible, Go Study Your Bible!

S M T W T F S

DATE: / /

BIBLE VERSE OF THE DAY: _____

_____
_____
_____
_____
_____
_____
_____
_____
_____
_____
_____
_____

Go Beat Up Your Bible, Go Study Your Bible!

S M T W T F S

DATE: /   /

BIBLE VERSE OF THE DAY: _____

_____
_____
_____
_____
_____
_____
_____
_____
_____
_____
_____
_____

Go Beat Up Your Bible, Go Study Your Bible!

S M T W T F S

DATE: /   /

BIBLE VERSE OF THE DAY: _____

_____
_____
_____
_____
_____
_____
_____
_____
_____
_____
_____

Go Beat Up Your Bible, Go Study Your Bible!

S M T W T F S

DATE: ___ / ___ / ___

BIBLE VERSE OF THE DAY: _____

_____
_____
_____
_____
_____
_____
_____
_____
_____
_____
_____
_____

Go Beat Up Your Bible, Go Study Your Bible!

S M T W T F S

DATE: / /

BIBLE VERSE OF THE DAY: _____

_____
_____
_____
_____
_____
_____
_____
_____
_____
_____
_____

Go Beat Up Your Bible, Go Study Your Bible!

S M T W T F S

DATE: /   /

BIBLE VERSE OF THE DAY: _____

_____
_____
_____
_____
_____
_____
_____
_____
_____
_____
_____
_____

Go Beat Up Your Bible, Go Study Your Bible!

S M T W T F S

DATE: /   /

BIBLE VERSE OF THE DAY: _____

_____
_____
_____
_____
_____
_____
_____
_____
_____
_____
_____

Go Beat Up Your Bible, Go Study Your Bible!

www.ingramcontent.com/pod-product-compliance
Lightning Source LLC
Chambersburg PA
CBHW060616080526
44585CB00013B/855